PISANDO

DE

PUNTILLAS

Charo Bernal Celestino

Depósito legal: D.L. CR 1-2016

ISBN: 978-84-608-5142-4

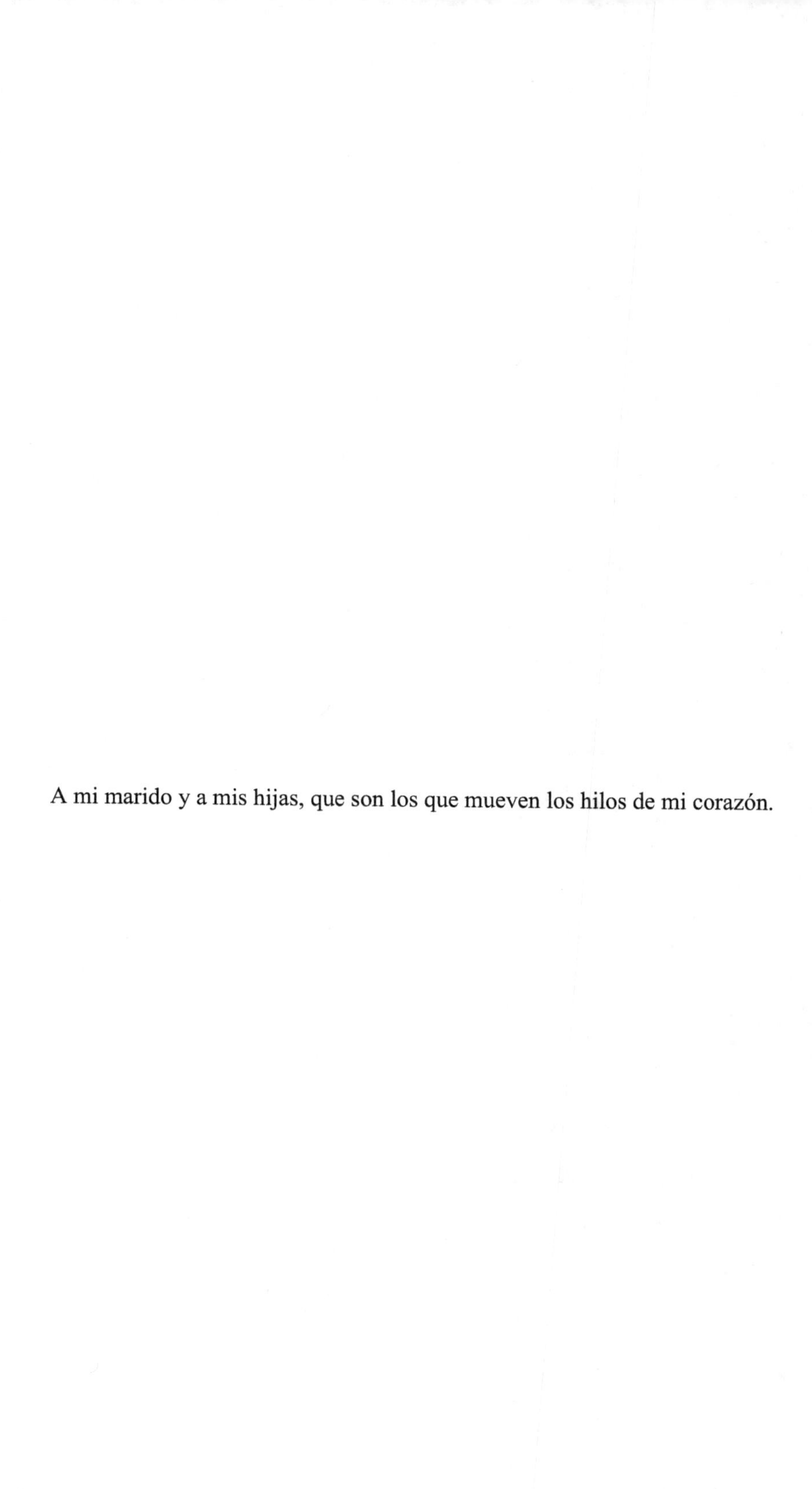

A mi marido y a mis hijas, que son los que mueven los hilos de mi corazón.

"Hay una poesía magnífica y sonora; una poesía hija de la meditación y el arte, que se engalana con todas las pompas de la lengua, que se mueve con una cadenciosa majestad, habla a la imaginación, completa sus cuadros y la conduce a su antojo por un sendero desconocido, seduciéndola con su armonía y su hermosura.

Hay otra natural, breve, seca, que brota del alma como una chispa eléctrica, que hiere el sentimiento con una palabra y huye, y desnuda de artificio, desembarazada dentro de una forma libre, despierta, con una que las toca, las mil ideas que duermen en el océano sin fondo de la fantasía."

Bécquer, reseña que escribió para *La soledad* de su amigo Augusto Ferrán.

INDICE

UN TRAZO DE ARCOIRIS

Allí lejos, torpemente confundidos
emergen algunos recuerdos...
dulces hasta rozar lo inocente,
tan suaves como de espuma.
¡Tan inalcanzable...
pero tan hermoso!
Romperme pudiera tantas veces
con tantos tropiezos
y tantas dudas.
Pudiera dolerme el alma
en cada luto,
con cada pequeña copa de amargura,
y sin embargo...
Aún quedaría el algodón de azúcar de tu sonrisa,
aún el mullido regalo de tus besos en mis labios,
aún tus ojos bebiendo jarras de risa
con miradas de niño, tan cómplice con las mías.
Aún tus manos asiendo fuerte
un sueño centelleante,
como un trazo de arcoiris
entre la gris desidia.

OCTUBRE INCIERTO

Débiles puntadas de lluvia
asoman en este octubre turbio.
El gris eléctrico sucumbe
ensombreciendo los árboles
de nuestra calle.
Se arrastran melancólicas
las gotas por mis cristales
dejando un beso frío.
Lamen las amarillentas y verdes hojas
y se resbalan por las trémulas ramas
que las sustentan.
Enfrente, el césped verde resplandece
recogiendo el llanto contenido tantos días.
Cae perezosa el agua
cansada de gemir sin hallar consuelo.
Desde mi ventana llora octubre.
Un octubre ceniciento.

LA HOJARASCA

Siento una lluvia seca en la garganta,
un quejido sujeto en mis entrañas,
una áspera caricia en mis manos,
un luto denso que se arrastra.
La mañana está triste y pegajosa,
me besa en la frente el hastío
y me deja una cadena de recuerdos
como hojas secas.
Vendrá con el otoño la musa
barriendo la hojarasca,
antes de que se pisen
todos aquellos sueños.

MI SEGUNDA PIEL

Tengo una segunda piel
esculpida de caricias y saliva de tus labios.
Tengo en mi pecho
un palomar de requiebros
que retumba en mis entrañas.
Tengo dormida en mi pelo
la mitad del firmamento
bajo el cual me juraste amor eterno.
Eres el fuego que me inflama sentimientos,
el aire que impulsa mis alas,
el río que se derrama
sobre mi mar entregada.
Tú: lo más álgido, la cima,
la plenitud de mi vida.

CRUEL OTOÑO

En la calle cruje un cruel otoño.
Continúas moviendo los hilos de la marioneta.
Ya no te responde,
tu ira se ofusca.
Se ha ido,
has maltrecho todos sus momentos.
Ahora, ni en su sombra
hallarás consuelo.
Una luna dulce
de mirar tranquilo
vigila su sueño,
acariciando las hebras
de su cansado cabello.

AUSENCIA

Guardan las horas del día
el latido de tu ausencia.
Se despereza el reloj
pero las paredes aún retienen tu perfume.
El calor del lecho se evapora,
mi piel te añora,
mis brazos se aflojan
cayendo al vacío
como las ramas de un sauce.
Guardo en las yemas de mis dedos tu recuerdo
y en el rojo de mis labios tus secretos.
Fuera trasciende el día,
dentro te espero eterna.

OTRA VEZ

Otro día más transcurre
y marcan los segundos
los trinos de los pájaros
de nuestros árboles.
Una nueva estación me trae
las hojas amarillentas al balcón,
y las vemos pasar otra vez
como si no fuesen nuevas.
Mis pupilas absorben tus ausencia
en los cálidos colores,
y el aire refresca el recuerdo de la noche.
Permaneces en mí,
estás en cada pulso
en mis sienes
y en lo suave de mis manos.
te quedaste.
Se estrena el otoño en mis ojos
y su virginal entrega
sucumbe a mis años.

CONTINUACIÓN

Te derrites en mí
y ya no hay nada.
Los tejados se arrullan al escucharnos,
el silencio se nos queda mirando
y el reloj nos contiene en cada segundo.
Mi intensidad te envuelve en tules
dilatando nuestro encuentro.
Mis manos despliegan mi mundo
y se abren las fronteras,
entonces…
ya no sé
dónde termino yo
ni dónde empiezas tú.

MURALLA

Una cancela poderosa es el hermetismo de tus labios
que le cierran a mi boca su invasión.
A la puerta de tu boca pones celo
porque sabes que si entrase estás perdido.
Cuando entornas la mirada ante mis ojos
intentando simular que te controlas
adivino en tus pupilas una ola
que se empeña en arrasar toda tu calma.
No se puede sujetar una tormenta
una vez que los relámpagos asoman,
al igual te rendirás ante mis besos
y tu boca bajará la guardia
convirtiendo en furia
toda esa absurda paz.

MIS MANOS

Mis manos, breves como el azúcar,
se derraman en la impotencia.
Guardan su sigiloso vuelo
y entrelazan dedos desconcertados.
Se durmieron las caricias
en las sedosas yemas aún atentas.
Suaves, femeninas, tiernas
cuidan su aspecto,
por si cualquiera de estos días
se termina su condena.

A G.

Te convertiste en gorrión
y en el borde del alero
de mi balcón, oigo trinos.
Son tus lágrimas
que a veces cristalizan
arañando mis entrañas.
No soporto tu dolor
ni el castaño de tus ojos malherido.
Si pudiera construirte un firmamento
de ilusiones todas nuevas...
Si pudiera desnudar ese dolor,
desterrarlo para siempre de tus noches y tus días...
Mientras tanto continúa con tu trino,
que a lo lejos silba el día
anunciando que muy pronto
esta pena se termina.

INSISTENCIA

Insiste mi mente en recordarlo todo,
en torturarse bañándose en detalles:
el brillo de tus ojos,
lo suave de tus besos,
tu voz que me retumba
repitiendo frases.
Pero tú ya no estás,
ya la casa no huele a tu cuerpo,
ya no te intuyen mis huesos.
Las perchas tiemblan en el armario
vacías y secas como aquellas palabras
que no pronunciamos.
Duele el vacío y la nada,
duele el desayuno frío,
duele la calle
arañada de recuerdos cada esquina.
Duele la cama vestida
y los cuadros invisibles.
Duele tanto tu partida
que el silencio anda gritando,
que la oscuridad acecha,
como persistente sombra,
como eterna compañera
que busca un hombro cercano
donde morder sus miserias.

JULIO

Late julio demasiado cálido.
Esta mañana la acera de mi calle te intuía,
se sabe de memoria tus horarios,
y mi puerta se debate entre abrirse o permanecer sellada.
Es que ha sido tantas veces la primera en recibirte…
Los árboles siguen cuajados de hojas verdes,
alineados en la calle se empeñan en decirme
que aún hay vida y esperanza.
Pero a mi dejaron de importarme
porque inmersa estoy en la nada,
en esa nada absoluta, donde sólo habitas tú.
Mi compañero, el sofá, me protege entre cojines,
mientras la violeta de la mesa se está secando
marcando el epílogo que se resiste a aceptar.
En mi reloj pesan lánguidas las horas,
simplemente no estoy y no me he ido
porque te fuiste y me llevaste a tu lado,
y aunque me busco torpemente,
en este infierno tan sólo encuentro
el vacío más hondo y más profundo.

AQUEL MAR

Aquel mar, aquella luz que te encumbró
hoy se torna oscura y amarga.
Mi distancia se expande
obstinada en acercarse a tu casa.
El alma me interroga,
se ha vuelto extraña.
Dibuja el ocaso una mirada diluida,
trazos abstractos hiriendo mis retinas.
Palidece mi recuerdo en tu llanto.
Un pétalo seco, cada verso que escribes.

POR TI

Seré el turquesa del cielo y el mar,
la arena que pisan desnudos tus pies,
la brisa que besa tu frente,
el murmullo del mar en tus noches,
y testigo silente: la luna.
Mirarás en mis ojos la aurora
adherida la sal a mi nombre,
con espuma y perfume de olas,
con la risa encallada en la playa.
Sentirás en tu piel mis suspiros
más allá de la tierra y el mar,
y la brisa arrastrará mi nombre
por cualquier rincón que vayas.
Perfumaremos de azahar
el recuerdo que guardamos
de aquellas noches de amor
exhaustos de tanto amarnos.
Entonces, con el paso de los años
y nuestras cumbres nevadas,
recordaremos aquello.
Se te empañarán los ojos
de aquella humedad guardada.
Yo me beberé tus lágrimas sonriendo
porque es como ver llover
un pedacito de cielo,
aquel que fue tuyo y mío
y se convirtió en eterno.

HUÉSPED EN MI

Eres huésped perpetuo en mi,
te acogió mi corazón sin condiciones.
No has de temer mi olvido,
es absurdo, estás adherido
como un bies a mis costuras.
Mi piel es tan tuya…
es que a fuerza de caricias se me ha ido
despacito, silenciosa, de puntillas.
Mis sentidos son soldados
que obedecen tus reflejos.
Tiene el día mis minutos
señalados con la sombra de tus dedos.
No has de esperar la noche
para haberme conquistado,
me susurra la luna de antemano
uno a uno tus deseos,
y leo en tus labios un cuento
de cuando eras niño,
o me recitan un poema
como aquel que te hizo temblar
tras el primer beso.
Estás tan inmerso en mí,
eres tanto en mi pequeño universo…
¡Imposible dejar de pensarte
inútil intento!

COMO UNA HEBRA DE LUZ

Yo no llamé al amor,
se coló por mi ventana
como una hebra de luz
cuando atraviesa lenta y sedosa.
No puse nombre a nada
pero mis ojos gritaban
lo que el alma rebosaba.
Impetuoso mi cuerpo
e impetuosa mi calma
como un torrente avanzaba,
así que no me pidas
que a esto que siento
le ponga trabas.
Deja que te bese
hasta que sacie esta hambre
que me arrastra hasta tu boca,
para arrancar de ella tus quejidos y lamentos.
Déjame lamer la lluvia en tus ojos serenos
para que cada amanecer sea claro.
Si en mi intensidad te pierdes o te cansas
ábreme la puerta y deja que me vaya,
lo haré sin hacer ruido.
Pero… se morirá el amor
a ese que no llamamos,
se secaran las flores,
esas que no plantamos,
y un día a tu ventana
ha de llamarte alguien
con los nudillos tersos
y ebria de deseos,
te entregarás a ella
pero no seré yo.

Se llamará melancolía
y barrerá mi nombre
de mi olvido a tus días.
Entonces sabrás que no fue un sueño
que aquel naufragio existió
y que estás despierto.

SENCILLO

El amor a ti es sencillo, cotidiano,
como de almohadón recién lavado,
como de pellizco de pan diario.
Es un amor que huele a hierba recién cortada,
a tormenta de verano.
Es curiosa la manera en que te amo,
con la sencillez de un aro,
porque mirar el musgo de tus ojos
es sentirme segura,
es amarte con los ojos abiertos
y los sueños en las manos.

URGENCIA

Te besé los labios
y sentí mullirse las estrellas.
Entorné los ojos
para sentir tu luz en mis pestañas.
Dulce el combate de tu mirada
y mi tímida sonrisa.
Tierna la estampa de tus dedos
contestando mis caricias.
La tarde está de acero
y los cristales intuyen la despedida.
Urge frenar la estancia,
urge pintar el pálido recelo
de sentir un murmullo
de aleteos eternos.

APENAS NADA

¿Sabes? Apenas queda nada.
Ese será mi rastro
y tu condena eterna.
Si piensas en mis labios
te acudirá una escarcha
al pronunciar mi nombre.
Pudiste seguir navegando
en las tranquilas aguas
que para ti estrené,
pero te decantaste
por naufragar ocasos
y yo ya me he cansado.
Tengo una estela triste,
debajo de los ojos,
cansados de mirarte
plenos de decepción.
Serás como una sombra
vagando tras mis pasos.
Serás como hojarasca
de un jardín abandonado.
La espuma de las olas
arrastrando un pasado.
Serás… ¡ya no me importa!
porque te habré olvidado.

NI MIS VERSOS

Ni mis versos me acompañan estos días,
desertaron de mi alma,
emigraron sin permiso.
Han abierto los cajones,
se han llevado los aromas,
las caricias y las risas.
Buscan mis dedos la pluma
resbaladiza, que torpemente
se despereza buscando dejar un trazo,
algún rasgo casi inerte
o un pedazo de mi misma.
Sin embargo…
languidecen los poemas
arrastrando como un lastre
la más profunda tristeza.

TORMENTA

Navegué en la tormenta de tu abrazo,
sentí perder el rumbo de aquel viaje incierto.
Ruge el mar embravecido
gritando que no estamos muertos,
y yo sonámbula en tus sueños
deambulo buscando la luz del faro,
buscando el puerto.
Surge cálida la luz
alarga su brazo intenso
irradiando una tenue sonrisa
que invita al encuentro.
Le pide al mar que se duerma
para acunarme en sus olas,
y demostrar que su furia
también quedará dormida.
Retornarán las serenas aguas,
el sol besará su frente
y el encaje de la orilla
vendrá a besarme los pies.
Mientras tanto, solo quiero
sentirme como una estrella,
de aquellas que son pequeñas,
de aquellas que son lejanas,
en las que nadie se fija
y a las que nadie recuerda.

DOLOR DENSO

Cae denso el dolor
en el gris de mis ajados sueños.
Llueve la impotencia suave y terca,
como memoria eterna se derrama.
Ya no estarán mis brazos
en tus batallas
ni mis versos heridos
serán tus aliados.
Los requiebros del alma
se marcharon, volaron,
abandonan la casa
dejando un cruel aroma
de sombras y de engaños.
No encuentran mis sentidos
colores estrenados,
el dolor de la infancia
los guardó en el armario.
¿Quién te nubló los ojos?
¿Quién te selló los labios?
¡Y te robó la risa
que tanto estoy buscando!

ESPERA

En mis ojos se durmió la espera
y despiertas con un grito mi atención.
Sembré de espigas blancas tu regazo
dilatando tu regreso, acunando tu escenario.
Jamás arderán los besos en la hoguera,
jamás arderán mis sueños ni mi amor,
porque arder implica que se consumen
y consumirse implica rendición.
En mi mirada llevo una bandera,
en la bandera un trozo de illusion,
en la ilusión jirones de tristeza,
tristeza que compone una canción.
Una canción que canta que te amo
¡cómo jamás vio amar a nadie Dios!
Donde encontraste desprecios y agravios
espejismos viste, no llevas razón,
leíste las letras de otro abecedario
llenando de dudas lo que es solo amor.

NIEBLA Y BRUMA

Apareció un fantasma de niebla y bruma.
Ojos vendados, granizo en los versos,
silencio que va gimiendo
se va volviendo canción.
La distancia cristaliza,
la luna se está apagando
y las estrellas se crispan
protegiéndose del rayo.
Se instala la sórdida presencia de una sombra,
se oscurecen los verdes tallos
y las flores de derraman
como lágrimas cansadas.
Llegó la lluvia e hirió a la calma.
Tras el visillo se asoma
curiosa, lánguida, la palabra.

SIN TEMOR

Ando buscando en el día
esa luz que se apagó
que te arrastra por las calles,
que te quitó la ilusión.
El dorado de tus iris
cobre ha vuelto su color,
pestañas que andan huérfanas
porque les falta el amor.
El dibujo de tus labios
también se debilitó,
ha perdido la sonrisa
y ha perdido su color.
Lucharé con todo el alma
porque olvides lo peor
y abandones para siempre
ese mar desolador.
Para que renazca el sol
calentando tu dolor
para que ices las velas
navegando sin temor.

TRANSPARENCIA

Como fuente cristalina
hay brotándote en los labios
la transparencia del alma.
Se instaló en tu mirada
la dulzura del agua
y el suave murmullo
de manar cascadas.
Te entregas generosa y continua,
tan eterna te derramas…
Tienes la ingenuidad y la belleza de una ninfa
envuelta en pasión humana.
Buscas la felicidad,
luchas por encontrarla,
sin embargo, la llevas
adherida a tus entrañas.
La felicidad eres tú
la que siempre nos regalas.

TU RISA

Tu risa es ancha,
se expande por la casa
y la llena inundando los espacios
como el trino de un jilguero.
Tu risa es blanca e inocente.
Se te escapa de la boca una gaviota
y vuela por la casa a sus anchas.
Tu risa tiene un duende en su garganta
que tira de mí y me arrastra.
Es una risa de caracola lejana
de mar y de arena clara.
Tiene el color de las marinas de Sorolla
y llena mi corazón de olas azules.

SABOR LEJANO

Sabía a lejano,
como a color amarillo de hojas viejas
oculto en el pasado.
Las pisadas ya no pesan en la arena
ni la brisa del mar le despeinará la mies en su frente.
Estará quizás entre el olor a sal
escondido en una ola,
o en la sonrosada luz de la aurora.
Es una nostalgia sin fotografía,
un dolor añejo con la punta roma,
una acuarela demasiado diluida.
Pero está presente
en la nimiedad de un beso inacabado,
en la estilizada letra de unas cartas
y en la despedida triste aquella tarde.
Te fuiste y no supe ponerte cara,
aunque aún recuerde la seda en tu voz
y aún ardan lágrimas
por mi garganta.

SOLEDAD COMPARTIDA

Desayuné rocío en su mirada
y apenas tres o cuatro perezosas frases
me regaló para alimentar mi día.
Simplemente me acostumbré
a acunar mi soledad compartida,
a bordar los pañuelos con lágrimas,
y a suspirar, perfumando de anhelos mi vida.
Dejé de llorar
buscando reflejos a la rutina,
extrayendo diamantes a las cosas mas sencillas,
soñando y libando hálitos ajenos
donde calentar mis gélidas manos.
Triste soledad compartida,
como el perro que gime
cuando el amo no lo mira.

EL SAUCE

Bajo el sauce que llora,
con sus lánguidos brazos
que tristes gimen,
al sueño me abandono
con estival desidia.
Refresca la brisa
toca pequeñas notas,
tibias sonrisas.
¡Qué paz encuentro
donde su soberana altura
me invita al sueño!
Me abandono en lecturas,
letras en mis pupilas,
briznas de hierba
a mis pies
que me acarician.
Un éxtasis me recorre,
desde la nuca, toda la espalda
bañada en calma.
Alargando sus hojas mi viejo sauce
roza mis piernas y mis rodillas,
mientras mis pies se despiertan a esas caricias.
Se me entornan los ojos
y el sauce le regala
sus juegos a mis dedos.
Mi amor, receloso, contempla el juego.
Siente celos del árbol,
de un triste sauce viejo
de temblorosos dedos
que con su añeja savia
hace temblar mi cuerpo.

TANTO AMOR

Me están naciendo esquinas,
se me ensanchan las entrañas
buscando recodos donde acoger
tanto amor como contengo.
Lo doblo como recién lavado,
lo perfumo con versos labrados de heridas.
Guardo en mi ropero esos sentimientos
que no tienen destino,
son huérfanos de aliento.
De anhelos imposibles hice un barco
para que la brisa del mar nos fuese cómplice,
y en la cubierta escribí tu nombre
aireando el gozo de un amor
tan azul como limpio.
Pero la humedad de tus besos
tirita en desconsuelo,
y mis manos se hicieron pequeñas
por guardar caricias de niña ingenua.
Buscaremos algún día en el almanaque
un resto de recuerdos:
una tibia sonrisa,
un suave gesto
de esa ternura eterna...
pero no lo hallaremos
porque el fuego de entonces
se habrá tornado hielo.

SE HELÓ EL AMOR

Al sentir el frío hueco de tu ausencia
se me durmieron los anhelos
de esperar que te hundieras
en lo profundo de mis urgencias.
Y te espero en este gélido invierno
- no sé por qué-
donde a golpes de olvidos se forjó
mi mundo, cual murciélago torpe,
golpeando muros buscando tus alas
para encontrar el camino que nos perdió.
Ya no hay camino
ni ventanas, ni puertas siquiera.
Se lo llevo ese viento...
ese fiel aliado del espacio
que transcurre empeñado
en ganar las batallas.
Se convirtió en pasado,
ya no duele, está muerto,
no se siente, y al no sentirse
una capa de escarcha
me arropa el alma.

NUESTRO DOLOR

En la encalada tapia
del patio de mi infancia,
allí está mi dolor,
engarzado a la hiedra
que se retuerce,
masticando las penas
de savia lenta.
En el cristal también,
allí se encuentra resbalando
con la misma cadencia
de una tristísima gota
de lluvia enferma.
En los pasillos de la impotencia,
en los secos montones
de hojas traviesas
que por mi mente revolotean.
Allí por todos lados
la amarga pena inventa
millones de escondrijos,
cientos de siluetas
para grabar con fuego
e insolente condena
el dolor que en mis venas
arrasa y encadena.
Dolor que me envenenas,
pena que me haces trenzas,
no les hagas más daño
¡con ellos: ni te atrevas!

MI SONRISA

Te regalo mi sonrisa
a ti que tanto te gusta,
a ti que las estás buscando
escudriñando sin prisa.
Puedes hacerla tu dueña,
pasearla por las calles,
regar con ella tus plantas
y acariciarla en tu almohada.
¡Es tuya plena!
Que de mis labios se escapa
para llegar a tus ojos
y filtrarse en tu garganta.
Que al igual que mi mirada
se ha vuelto toda rebelde,
ya no saluda a nadie
y encontró en tu ser morada.
Ya no la sienten mis labios
ni responde a mis llamadas.
Me la robaste aquel día
y no quieres regresarla.

DESDENES

Tú no has visto el dolor de mi alma.
Tú no sabes en que angosto puerto
mi tristeza se muere encallada
y por eso te burlas, por eso te callas.
Tú no has visto en la cumbre del alba
desfilar los guardianes del sueño
con la angustia empapada en la almohada,
y por eso en mis horas silentes, por eso me llamas.
Tú ni has visto la lujuria del fuego
bailando sinuosa en la llama
ni arañar de nostalgia la escarcha,
y por eso tu mirar de desdenes
en el fondo del alma me clavas

VOY A DIBUJARTE UN BESO

Voy a dibujarte un beso
con el pincel de las letras.
Voy a pasearlo lento
sin dejar que se detenga.
Como suave mariposa,
con mis labios entreabiertos,
rozaré tus comisuras
suave y lento.
Y así, mientras tu respiras,
entrecortado tu aliento,
me instalaré en tus pupilas,
beberé tus pensamientos.
Prolongaré los segundos
para poder extasiarme
en lo dulce de tus labios
y así empezar a entregarme.
Con las yemas de mis dedos
como si fuese una ciega
grabaré en mis dactilares
cada pliegue que contengan.
Después miraré a tus ojos
como pidiendo permiso
para invadir en tu boca
cada pequeño escondrijo.
El interior de tus labios,
como una uva pelada,
lo morderé despacito
temiendo por si se acaba.
Y después de tanta calma,
alternando dulcemente,
roces, juegos y miradas,
la pasión es cuando estalla.

Y te llegaran mis besos
en racimos, en manada
locos, de bocas abiertas
¡ya no hay tiempo de miradas!
Ya solo quedan suspiros,
gemidos como en cascadas,
que al deseo se desbordan
y en la humedad se disparan.
Y aquí te dejo mi intento
de describir unos besos,
de plasmar sobre el papel
y de pintar con los versos.
Pero jamás con las letras
se pueden sentir los besos.
Eso, mi vida, es tan cierto
como el amor que te tengo.

MI VOLUNTAD

Respetad mi voluntad
de no sentirme tan lejos,
que esa soledad me asusta,
que huele a flores podridas
y hay un silencio que inunda.
Quiero amanecer en flor en primavera
y en invierno parir mil pensamientos,
que me labréis la tierra y la abonéis
con vuestros cercanos sentimientos.
Quiero renacer y daros frutos
nacidos del amor de ser cuidada,
y sonreír en el rojo de una rosa
o llorar a escondidas en rocío,
cuando no me veáis, de madrugada.
Y trepar a mirar por el cristal,
empañado en vapor de vuestras vidas,
y sentir el calor cercano y limpio
que me dará consuelo cada día.

MÁS ALLÁ DE LA MUERTE

Si la muerte te llama...
Si osase, viviendo yo, a robarte el alma,
y sin pedir permiso te reclamara...
¡Ojo, que no conoce lo que es la furia,
lo que es la rabia, lo que es el celo que dentro aguarda
adherido a mi alma como una lapa!
Si te arrastra y te lleva no lo permito,
le clavaré mis uñas, escupiré en su nombre,
arañaré la lápida bajo la cual te entierren
y grabaré mi nombre sobre el granito
hasta que mis dedos sangren y no los sienta.
Perderé la cordura gritando por las calles:
"Que me quitan mi vida, que me dejan sin aire".
Cerraré las ventanas a este absurdo mundo
y viviré en mis entrañas la agonía.
Cuando venga a buscarme la vil ladrona,
me reiré en su cara y con sarcasmo le besaré la frente.
Aunque no exista un mundo detrás de este,
juro que me lo invento para encontrarte.
Te pintaré paisajes con cielos, nubes, mares...
y una pequeña casa, aquella que tú sabes.
Rasgaré los días, las horas, los minutos
buscando en infinitos el rastro de tu sombra.

CUALQUIER COSA ANTES QUE NADA

Me asomé a mirar el mar
de tus ojos, tan en calma,
que quise allí navegar
y acomodarme en tu alma.
Te esculpí en la sonrisa,
caricias de enamorada,
las pinté de fantasías
que de ilusión me llenaban.
Te recorriste mis costas,
buceaste mis entrañas
y te empapaste en mis aguas
que para ti yo estrenaba.
Sembraste en mi cuerpo flores
regadas en madrugada
y las dejaste clavadas
enganchaditas al alma.
Y me nacieron mil frutos
en el jardín de los sueños
y van manando racimos
de tanto como te pienso.
¡Que ya no hay noches ni días
ni siquiera madrugadas!
Eres tú inserto en mi vida
absorbiendo mi jornada.
Eres tú, mi desayuno
Eres tú, aire
Tú, calma...
Eres mi aliento en suspiros
hasta dejarme extasiada.
Regálame una mirada
cualquier cosa antes que nada.

ESE INSTANTE

Me miras y sonríes
y toco el cielo
y si rozas mis labios
ya ni te cuento.
Y me río, es curioso
que me guste más
el momento previo
que el propio beso.
Como me encanta
el instante
en el que se aproximan
tu distancia y la mía.
Tu cuerpo se acerca,
mi mente se nubla
y nos quedamos quietos
a la distancia justa,
donde no cuenta el tiempo
y el espacio no ocupa.
Ese instante es tan breve
tan hermoso...
que hiere por ser tan fugaz.

DE TU BOCA

De tu boca lo quiero todo.
Quiero tu aliento caliente,
quiero tu primer suspiro
cuando amaneces.
Quiero de tu boca
las palabras, los quejidos
los placeres, los lamentos...
Quiero la humedad
perversa de tus besos,
tus mordiscos suaves,
tus anhelos.
Es tu boca una fuente infinita
donde sacio mis deseos.
Es tu boca mi altar.
Es lo máximo tu boca,
es mi universo.
Me conozco de tu boca
cada pequeña piel
de tus repliegues.
La evoco y memorizo
en mis quehaceres
y me transporta.
Ya todo lo que miro
no es tal cosa
ya solamente es boca
solo tu boca...
Y beso y muerdo
y muerdo y beso
en dulce combate
o en combate inquieto.
Tu boca ya no es tan tuya
forma parte de mi vida.

CUANDO EL DESEO ME INVADE

Cuando las ansias me invaden,
cuando el deseo viaja
saliendo de mi mente
y tomando cuerpo.
En tus momentos de ausencia,
cuando deseo pertenecer
al cofre de tus deseos
y al sendero de tus besos.
Cuando se ahogan los suspiros
sin ser inmensos.
Cuando jadean,
en lugar de nuestras bocas,
nuestros silencios.
En esos momentos,
rogaría convertirme
en una especie incorpórea
para no sentir mi cuerpo,
para que mis ojos no lloraran,
al no verse en tus espejos,
que no dolieran mis manos,
al no sentir tus dedos.
y que mi boca no ardiera
por conseguir sus deseos.

SI TÚ TE MARCHASES

Si tú te marchases
las nubes del cielo ya no sonreirían.
Si tu no existieras
las horas del día serían vacías.
Vacía mi casa, vacíos mis ojos
mi alma vacía…
Y todo mi mundo
si no estás conmigo se enfría y tirita.
Me duele tu ausencia
aún sin marcharte me hiere e irrita.
Me duelen tus quejas
aún sin oírlas se vuelven marchitas.
Y solo si pienso si tú no estuvieras
la vida me quitas.
Moriría de no sentirte en mí
y no poder amarte un día.
Moriría y el eco de mi voz
cuando te nombro perdería.

PISANDO DE PUNTILLAS

Hay algo que nació conmigo,
es una constante eterna que me late,
la necesidad de verterme en el papel,
de estrujar una palabra
convertirla en un pedazo de misterio
y guardarla en mi regazo.
Es una llama que se inflama
con una simple mirada,
con un roce, un suspiro
un recuerdo…
¡o qué sé yo, quizás con nada!
Empuja, se obstina en ser parido,
se retuerce en mis entrañas,
bucea, indaga, arrastra, araña.
Una vez que nace la primera frase
repta buscando un sendero,
se bifurca y se dilate.
Después, una especie de música interna
la toma de la mano y la acompaña.
Entonces, después llega el descanso
como tras de yacer llega un orgasmo.
Mis ojos leen el fruto
y en las letras impresas
se quedan escondidos
retazos de mi vida,
puñados de momentos,
imágenes distintas
que mi alma recoge
y mis manos dibujan,
pero siempre
pisando de puntillas.